AF227190

DE LA DIMINUTION

DE L'INTÉRÊT

DE LA

DETTE PUBLIQUE.

IMPRIMERIE DE LAWALLE JEUNE.

DE LA DIMINUTION DE L'INTÉRÊT

DE LA DETTE PUBLIQUE,

ET

DES CAUSES QUI EN ONT ÉLEVÉ LE COURS.

BORDEAUX,

CHEZ LAWALLE JEUNE ET NEVEU, LIBRAIRES,

ALLÉES DE TOURNY, N°. 20.

1824.

Je n'ose affirmer que le droit étroit puisse l'avouer; mais je suis persuadé que l'équité l'autorise.

Les seuls créanciers de l'État, dont les plaintes seraient justifiables, sont ceux dont les titres ont déjà été réduits au tiers; mais si l'on examine le montant de ces tiers, et les transmissions qui ont dû en être faites pendant le long intervalle qui s'est écoulé depuis lors, on sera convaincu, avec moi, que la somme qui se trouve encore entre les mains des créanciers originaires ou de leurs successeurs, ne représente pas la vingtième, ni peut-être la trentième partie des 140 millions dont il est question de réduire l'intérêt.

Serait-il juste de faire une exception en faveur de cette classe de créanciers? Oui ! s'ils avaient été les seules victimes de nos troubles civils. Non ! s'il n'est pas possible de réparer en même temps tous les malheurs nés de notre révolution; car, en France, la justice doit être égale pour tous, sans acception de personnes et de classes ; et la France ne possède pas assez de trésors pour réparer les pertes de ceux qui, soit pour se dérober au danger, soit pour remplir ce qu'ils ont cru être un devoir, se sont expatriés, ou ceux qui, bravant tous les périls et interprétant différemment ces mêmes devoirs, crurent aussi les remplir bien fidèlement en n'abandonnant pas et en défendant le sol sacré de la Patrie. Et combien de milliards ne faudrait-il pas encore pour dédommager tant d'autres malheureux qui furent forcés de vendre, contre des assignats ou des mandats, leurs récoltes, leurs denrées, leurs marchandises ? Et cette immense quantité de créanciers privés

DE LA DIMINUTION
DE L'INTÉRÊT

DE LA DETTE PUBLIQUE,

ET

DES CAUSES QUI EN ONT ÉLEVÉ LE COURS.

ON a déjà beaucoup dit pour et contre la réduction de l'intérêt de la dette publique; mais la matière ne me semble pas épuisée. Les argumens improbateurs ne m'ont pas plus convaincu, que je n'ai été séduit par les raisonnemens obséquieux des serviteurs ministériels. Qu'il me soit donc permis d'examiner cette question à mon tour, et si je n'ai pas le bonheur d'y répandre une clarté nouvelle, j'y porterai du moins, j'ose le dire, le désintéressement d'un bon citoyen, et la bonne foi d'un honnête homme.

Les censeurs absolus de cette mesure en ont contesté la légalité, l'opportunité, les avantages.

Les approbateurs constans du pouvoir n'ont pas trouvé assez d'encens pour lui en faire hommage; ils sont même allés au point d'attribuer à leurs maîtres tout le mérite de notre situation financière.

Examinons ce débat.

La mesure proposée, a-t-on dit, n'est pas légale.

qui reçurent de la même manière, c'est-à-dire, à l'aide d'une fiction, le remboursement de leurs créances particulières? Ainsi, dans l'impossibilité de réparer des malheurs si nombreux, l'intérêt de l'État et le patriotisme des citoyens commandent également d'en faire un généreux sacrifice; et toute exception à cette règle rigoureuse serait une injustice envers les exclus.

Mais la masse des créanciers actuels a-t-elle raison de se plaindre? Je ne le pense pas. Et, en effet, tous les emprunts que le Gouvernement a faits depuis huit ans ont été contractés depuis 54 jusqu'à 89 *francs*. Je n'ai pas sous la main les documens nécessaires pour en calculer le cours moyen, mais il est certain qu'il ne dépasse pas 75 *francs*. Toutefois, prenons ce taux pour constant. Sont-ils donc bien à plaindre, ceux qui, à leur choix, *peuvent recevoir 100 francs pour 75 fr. qu'ils ont donné?* ou un intérêt de 4 p. %, c'est-à-dire, de 5 ⅓ % sur le coût moyen de leurs inscriptions? Je veux admettre qu'ils aient courus quelques chances ; mais n'ont-ils pas aussi perçu la rente de 5 francs, qui, jusqu'à présent, leur a été fidèlement servie dans la proportion de 6 ⅔ % par an.

Je laisse de côté les créanciers qui ont acquis leurs titres dans des momens de défiance générale, et bien au-dessous de 50 et même de 40 francs : on sent que ce ne peut être en leur faveur que les censeurs de la réduction se sont armés.

On s'appitoie beaucoup sur le sort des autres ! Mais les contribuables ne sont-ils pas aussi à plaindre? S'il existe quelques rentiers peu fortunés, ne trouve-t-on pas, bien plus abondamment encore , à la ville comme dans les campagnes , des malheureux qui ne portent au trésor public l'écu qui leur est imposé , qu'à l'aide des plus rudes travaux , et le plus souvent même en le retranchant sur le pain de leurs enfans?

On répondra peut-être que l'économie qu'on veut opérer sur l'intérêt de la dette de l'État ne diminuera pas le lourd fardeau des charges publiques. Et moi je crois qu'il est impossible qu'on lui donne une autre destination ; c'est la seule plaie que la justice permette de cicatriser, et c'est infailliblement la seule à laquelle il a été fait allusion dans la volonté exprimée, naguères par une bouche auguste, « *de fermer les der-* » *nières plaies de la révolution* » (1).

Car ce sont les suites de nos malheurs qui nous ont légué *la dernière plaie*, en effet, de notre énorme budget. C'est donc en vain qu'on craindrait qu'une partie, ou la totalité des vingt-huit millions d'économie sur l'intérêt de la dette publique, sera destiné à une classe de personnes déjà assez favorisée par le pouvoir : je répète que ce serait une trop grande injustice, et armé de l'article 1er. de notre loi fondamentale, que sans doute on ne qualifiera pas à son tour *d'article réglementaire*, j'ajoute que tous les français étant égaux devant la loi, toute exception serait un privilège et une infraction à ce pacte solennel.

L'époque actuelle, ajoute-t-on, est inopportune pour cette grande mesure financière. Cette assertion échoue

(1) Discours du Roi à l'ouverture des Chambres : 23 Mars.

encore contre les faits qui sont en évidence, et qu'il suffit de bien constater. Je n'en citerai qu'un petit nombre, mais ils seront incontestables.

Je commence par le taux de la dette publique de nos voisins d'outre-mer. Leurs 3 p. % sont montés à 96 ½. Objectera-t-on que le cours en est trop élevé? Soit. Mais supposons que de plus mûres réflexions, de la part des capitalistes, les fassent descendre à 85 fr., ou même à 80 fr., pourquoi les 3 p. % français ne vaudraient-ils pas le même prix? L'hypothèque française ne vaut-elle pas l'hypothèque anglaise? ne lui est-elle pas, toute proportion gardée, infiniment supérieure? Si, d'après les états officiels publiés dans les deux pays, le commerce extérieur de l'Angleterre est triple de celui de la France, sa dette n'est-elle pas quatre fois plus forte que la nôtre? Sa richesse territoriale vaut-elle la richesse territoriale de la France? L'Angleterre peut-elle, comme la France, se suffire, au besoin, à elle-même? L'expérience faite dans les deux pays a résolu d'avance cette question. Les impôts sont-ils en Angleterre mieux payés qu'en France? Les 35 à 40 millions qui, depuis quelques années, se trouvent d'excédant dans nos recettes sur nos dépenses, prouvent que notre situation financière est, au moins, aussi heureuse que celle de l'Angleterre; notre amortissement est plus régulièrement, et toute proportion gardée, bien plus libéralement alimenté que celui des anglais. Élevons donc assez haut le sentiment de notre dignité nationale pour nous persuader que la France mérite, au moins, autant de confiance que l'Angleterre.

Je ne citerai plus qu'un autre fait en faveur de l'opportunité de la mesure, sans m'arrêter à l'exemple récemment donné par l'Angleterre en pareille matière, c'est le taux de l'intérêt de l'argent sur toutes nos grandes places de commerce. A Bordeaux comme à Lyon, à Paris comme à Marseille, l'argent abonde, de 2 ½ à 3 p. % l'an, pour toutes les bonnes signatures du commerce.

Eh quoi ! l'époque où l'argent est partout si abondant et à un prix si modéré, le moment où les fonds publics anglais ne présentent plus aux capitalistes de l'Europe qu'un revenu de 3 p. %, ne serait pas opportun pour réduire l'intérêt de la dette française à 4 p. % ?

On a dit que cette diminution d'intérêt, que l'on regarde comme factice ou temporaire, fera plus de mal que de bien à l'agriculture, à l'industrie et au commerce, et on ajoute qu'elle a pour résultat d'accroître d'un tiers le capital de la dette publique.

Je suis loin de considérer cette diminution de l'intérêt comme factice ou temporaire : je la crois, au contraire, très-réelle et très-permanente. Je suis convaincu que, désormais, le taux de 4 ou de 4 ½ p. % scra considéré, comme autrefois celui de 6 p. %, le maximum de cet intérêt, et c'est là le résultat, non de la sagesse ou de l'habileté ministérielle, c'est le résultat de la propagation des lumières qui, en raisonnant la confiance, l'a éminemment agrandie : c'est cette confiance qui, maintenant, met en circulation toutes les richesses mobilières. C'est elle qui a fait surgir du néant une foule de créations modernes, produit de l'heureuse tendance des esprits vers toutes les entreprises d'un intérêt général : c'est elle qui a fait reparaître tous les capitaux enfouis ; le trésor du riche et le modique pécule du pauvre ont également répondu à l'appel, et trouvé pour eux et pour le pays un utile emploi dans la dette publique, dans les banques , les constructions de ponts, les entreprises des divers canaux ; dans les caisses d'épargnes , institution morale et philantropique„ digne des plus universelles bénédictions. Il est incontestable , en effet , que jamais la circulation des capitaux ne fut ni aussi abondante ni aussi rapide que dans le temps présent , et que cette même rapidité en multiplie le service.

Convenons donc, de tout ce qui vient d'être dit, que la mesure proposée est à la fois légale et opportune , et abordons ses avantages.

Ou je suis bien prévenu, ou les conséquences de la diminution de l'intérêt seront très-avantageuses au pays en général, et à l'agriculture, à l'industrie et au commerce en particulier.

Elles seront avantageuses au pays, puisqu'indépendamment de l'économie annuelle de 28 millions , elle allégera d'autant les charges des contribuables. Pour rendre cette vérité plus sensible aux yeux des personnes peu familiarisées avec cette matière, un simple rapprochement suffira. Lorsque le Gouvernement fut obligé d'emprunter au taux de 55 francs , pour obtenir des prêteurs 200 millions, par exemple , il dut consentir à leur payer une rente annuelle de près de 18 millions 200 mille francs. Supposons qu'il ait besoin à l'avenir,

et cela n'est nullement douteux, l'époque seule est in-
certaine ; supposons, dis-je, qu'il ait besoin d'emprunter la même somme, en donnant des rentes 3 p. %, à
raison de 75 francs , la contribution qu'il devra créer
pour en faire le service ne sera que de 8 millions ;
donc l'économie sera de plus de moitié, car elle sera
de plus de 10 millions sur 18. Faut-il ajouter maintenant que cette économie profitera aux contribuables ? Qui ignore que le trésor de l'État n'a rien par
lui-même, et que toutes ses dépenses comme ses éco-
nomies sont à la charge ou au profit de la nation?

On répondra peut-être que la diminution de l'intérêt
de la dette ne peut exercer une heureuse influence
sur les emprunts à venir. Je crois que ce serait une
erreur ; car, d'abord, la France aura prouvé l'étendue
et la puissance de son crédit, et il est sans doute superflu d'ajouter ensuite, que plus le crédit est étendu,
et plus les conditions de l'emprunt sont favorables à
l'emprunteur : mais il n'est peut-être pas inutile de
faire remarquer que les chiffres ont aussi parfois leurs
prestiges ; que, par exemple, il serait infiniment plus
facile de voir s'élever des 3 p. % à 80 francs, que
des 5 p. % à 133 1/3 fr., bien que la proportion soit
exacte, et qu'enfin le taux des emprunts futurs sera
toujours basé sur le cours de la rente, à l'époque où
ils seront faits. Ajoutons encore que l'État, en dimi-
nuant l'intérêt de la dette de 28 millions, augmente
d'autant ses ressources, et, par conséquent, la garantie et la confiance des prêteurs ; car, *je ne raisonne
que dans l'hypothèse où le Gouvernement donnera*

à cette économie LA SEULE DESTINATION CONVENABLE, *celle du soulagement des contribuables.*

On a dit, enfin, que le haut cours des rentes ne fera pas refluer vers l'agriculture , l'industrie et le commerce, une plus grande masse de capitaux, parce qu'ils ne pourraient prendre cette triple direction sans faire baisser le taux de la dette publique. Je crois encore que l'on se trompe. L'erreur vient de ce que l'on considère les rentes comme presque toutes flottantes, tandis que leur majeure partie *est et restera casée.* Je sais fort bien que plus ces rentes seront chères, et plus elle représenteront de capitaux ; mais par cela, elles n'en absorberont pas davantage. Qu'une inscription de 10 mille francs, par exemple , vaille 200 ou 250 mille francs, elle ne changera rien à la circulation de l'argent ; car, à la vente, ce que l'un donne l'autre le reçoit, et si l'inscription ne change pas de main, elle augmente seulement le capital du propriétaire.

Le haut prix de la rente sur l'État produira donc le double effet de diriger vers le commerce et l'agriculture une plus grande masse de capitaux, et d'en diminuer l'intérêt ; il imprimera cette direction, parce que la dette publique n'offrira plus aux capitalistes les mêmes profits : et dans un autre sens encore, ce haut prix de la rente contribuera puissamment à faire diminuer l'intérêt dans toutes les transactions privées, parce que le Gouvernement, le premier de tous les emprunteurs , est toujours le régulateur du loyer de l'argent, et ce loyer est toujours en raison de son crédit. Que ce crédit soit très-élevé, et le pays en profite :

qu'il chancèle ou diminue, la confiance particulière
en est aussi bien ébranlée que la confiance publique :
elles agissent incessamment l'une sur l'autre : elles se
nuisent réciproquement ou se prêtent un mutuel appui.
C'est ainsi que nous avons vu, dans des temps malheureux, lorsque la rente était de 3o à 4o francs, l'intérêt
de l'argent élevé à 15 et 18 p. % l'an : cet intérêt a
graduellement diminué au fur et à mesure que la rente
a renchéri, ou, en d'autres termes, la rente a haussé
constamment, en proportion de la baisse de l'intérêt.
Je crois que ce regard vers le passé, doit détruire ou
dissiper la crainte que le haut prix de la rente ne peut
se soutenir qu'aux dépens du commerce, de l'industrie et de l'agriculture.

Mais, comme tributaires eux-mêmes du trésor public, l'agriculture, le commerce, l'industrie partici-
peront aux avantages de cette diminution de dépenses ;
mais ces *trois mamelles de l'État* en profiteront encore à un degré bien autrement élevé dans leurs transactions privées. Il est évident que le négociant, le
manufacturier exploiteront leur industrie à bien meil-
leur marché, lorsqu'au lieu d'emprunter à l'intérêt de
5 à 6 p. %, ils trouveront les capitaux qui leur seront
nécessaires de 3 à 4 p. % l'an ; j'ajoute même qu'ils en
trouveront bien davantage à ce prix qu'à un taux plus
élevé, parce que ce taux sera trop bas pour permettre
au possesseur des capitaux de les garder volontairement oisifs. J'ajoute encore que le bas prix de l'argent nous est indispensable pour soutenir la concur-
rence de nos voisins, et si les anglais trouvent celui

qui leur est nécessaire pour leur industrie manufacturière et commerciale à 3 p. % l'an, comment pourrions-nous, si nous le payions 5 ou 6 p. %, toute choses étant égales d'ailleurs, rivaliser avec eux sur les marchés étrangers ? On a objecté que cette baisse de l'intérêt ne nous ouvrira pas de nouveaux débouchés, n'ajoutera rien à nos affaires commerciales et manufacturières : je crois encore que c'est une erreur. Le numéraire devant être considéré comme l'agent le plus puissant des deux branches d'industrie en question, moins il coûtera, et moins coûteront les produits de ces mêmes industries, et plus nous en vendrons. On a dit, malheureusement avec plus de raison, que le ministère ne nous ouvre aucun nouveau débouché. Eh bien ! malgré son abandon et son indifférence, mettons en action nos propres forces pour franchir les barrières qu'il laisse nonchalamment subsister devant nous, lorsqu'il ne les élève pas lui-même. A force de perfectionnement et de modération dans nos prix, obligeons tous les peuples à la préférence de nos productions manufacturières et commerciales, et ces résultats ne sont possibles qu'en obtenant avec facilité et économie les capitaux nécessaires à l'industrie et au commerce.

Mais si cette économie et cette facilité peuvent devenir si profitables à ces deux branches d'industrie, à quel degré ne le seront-elles pas à leur mère, l'agriculture ?

L'agiculture, dont les revenus sont si bornés, est ruinée si elle paye de gros intérêts. Ses produits ne

donnent que rarement plus de 3 p. %, presque jamais
4. Comment peut-elle payer un intérêt de 6 p. %? Le
malheureux propriétaire, condamné à emprunter à ce
dernier taux, et souvent bien au-dessus, est ruiné s'il ne
se hâte de vendre le champ au moyen duquel il peut
encore obtenir sa libération ; mais qu'il puisse emprunter à un taux qui, s'il le dépasse, approche au moins
de plus près celui de son revenu, n'est-il pas incontestable que le propriétaire, le fermier feront de nouveaux défrichemens, amélioreront leurs terres, perfec-
tionneront leurs cultures et augmenteront ainsi la masse
de leurs produits ? L'accroissement des produits aug-
mentera la consommation : l'augmentation de la consommation profitera au commerce et à l'industrie, et
de ce bien-être général résultera encore un accroissement de population, de puissance et de revenus publics.

Tels sont les biens qui peuvent naître de la réduction de l'intérêt. L'abus qu'on en ferait est une autre
question. La mesure, en elle-même, doit y rester étran-
gère. Je répète que c'est la chose et non l'abus que
j'examine.

Je le dis donc, dans l'intime conviction de mon ame
et avec la plus douce satisfaction, une ère nouvelle
se présente en faveur de toutes les classes laborieuses
de la société. L'agriculture, le commerce et l'industrie pourront désormais trouver à un taux modéré les
capitaux qui leur seront nécessaires pour féconder nos
champs et exploiter toutes nos industries. Je l'ai in-
sinué tout-à-l'heure ; de funestes circonstances ou une

mauvaise direction politique de notre ministère peuvent cependant arrêter les effets d'un si bel élan : mais avant d'esquisser les causes qui pourraient le paralyser et même faire rétrograder cet état de choses, je dois répondre à la dernière observation de ceux qui ont vu pour la France une mesure funeste dans l'augmentation du capital de la dette publique, et peu de mots suffiront. Ceux qui blâment cette augmentation n'ont pas fait attention *qu'elle n'est qu'une fiction*, un objet d'ordre : le calcul le plus simple le prouve, et en effet, le Gouvernement n'a d'autres moyens de libération que la caisse d'amortissement : supposons donc que la dette de l'État se divise en deux classes, l'une à l'intérêt de 4 p. % et l'autre à celui de 3 p. %, il est incontestable que si la première valait 100 francs, l'autre serait à 75 francs ; il en résulterait donc que la caisse, qu'on a si justement appelée *pompe aspirante*, absorberait indistinctement avec 100 mille fr., une pareille somme de la première, ou 133,333 fr. 33 c. ⅓ de la dernière. Donc, l'augmentation du capital est illusoire, et, comme je le dis, une fiction.

J'ai exposé avec franchise l'aperçu des motifs qui, selon moi, militent en faveur de la réduction de l'intérêt de la rente ; j'ai combattu ses adversaires : je vais répondre maintenant, sans détours, aux écrivains soudoyés du ministère, qui, en serviteurs consciencieux, veulent gagner leur salaire en faisant honneur à leurs maîtres de notre belle situation financière.

Je soutiens que le ministère actuel a servi, non de moteur, mais d'obstacle au développement de notre crédit public, et que le cours de la rente s'est élevé malgré la direction politique qu'il a adoptée et suivie jusqu'à présent.

En effet, c'est dans la Charte seule qu'on trouvera la racine de notre prospérité financière, et c'est à la vigoureuse impulsion que le 5 Septembre imprima à tous les esprits vers tout ce qui pouvait être grand, généreux dans l'intérêt de tous, qu'on trouvera les rameaux, aujourd'hui bien desséchés, à l'ombre desquels nous avons vu croître notre prospérité publique. C'est, en deux mots, à l'augmentation de *l'hypothèque matérielle*, et surtout à l'immense accroissement de *la garantie morale*, sur lesquelles la dette publique repose, qu'est dû le mouvement progressif de la rente.

Je m'explique : j'appelle hypothèque matérielle les moyens de libération, et garantie morale la ferme intention de remplir les engagemens contractés.

J'ai dit que la première avait été de beaucoup augmentée, et que la dernière avait fait d'immenses progrès.

En effet, la caisse d'amortissement est là pour attester cette vérité. Sa mâle constitution l'a déjà enrichie de 33 millions de rente qui, joints à sa belle dotation, lui donnent une action si puissante, qu'elle doit désormais absorber, à grands flots, la partie flottante de la dette publique, malgré l'élévation de son cours.

Examinons maintenant les élémens qui, après l'avoir créé, nourrissent cet immense absorbant, et composent la richesse nationale.

S'il est vrai, et l'on ne saurait en disconvenir, que

les individus composent les nations , il n'est pas moins
exact de dire que les richesses publiques naissent des
richesses privées.

La richesse publique a été augmentée par l'abondance
de nos dernières récoltes ; par les brillans développemens de notre industrie ; par la hardiesse , la constance
et l'activité de notre commerce ; par cette foule de créations récentes dont j'ai déjà parlé ; par une plus grande
et bien plus rapide circulation des capitaux ; par l'accroissement de notre population , et par conséquent
de contribuables et de consommateurs ; par le tribut
de 150 à 200 millions que les étrangers viennent payer
annuellement au beau ciel de la France , attirés par la
haute civilisation de ses habitans , l'aménité de leur
caractère , et les merveilles des arts , des sciences et
de leur industrie.

Cet accroissement de valeur de toutes sortes, d'ai-
sance générale et de richesse publique, est le résultat
d'un état de paix ; mais bien plus encore, celui du génie national , de l'activité de toutes les classes laborieuses , et du perfectionnement de l'agriculture et
de l'industrie.

Les progrès de l'agriculture sont incontestablement
dus à la division des propriétés, et l'industrie n'est mon-
tée au rang élevé qu'elle occupe sur l'échelle sociale ,
que parce qu'elle se trouve affranchie de toute gêne et
de toutes sortes d'entraves.

Cette amélioration de l'état social en France est due
à l'esprit du temps actuel qui fit sentir les nécessités
de notre loi fondamentale , et celle-ci , en garantissant

la liberté, la jouissance des droits acquits, et la stabi-
lité des intérêts moraux de la révolution, a imprimé à
toutes les classes utiles de la société ce mouvement
général et progressif qui a produit les résultats que
l'Europe admire et envie peut-être, et dont malheureusement quelques esprits, volontairement aveuglés
parmi nous, s'obstinent à méconnaître l'origine.

Mais si, seulement, des espérances ont enfanté des
succès qui étonnent, quels prodiges la réalité n'aurait-
elle pas dû engendrer !

Telles sont, selon moi, les causes qui ont agrandi
l'hypothèque matérielle, et il est impossible aussi d'as-
signer d'autre source aux immenses progrès de la garantie morale.

On ne peut disconvenir, en effet, que les français
n'aient plus acquis, depuis dix ans, de connaissances
en finance et en crédit public, que pendant les dix
siècles qui ont précédé cette courte période.

Maintenant, chacun sait ses droits et ses devoirs.

Le créancier de l'État n'ignore pas qu'il doit être et
qu'il sera payé. Le citoyen sait aussi, qu'indépendamment de la bonne foi qui l'exige, son intérêt lui im-
pose le devoir de fournir son contingent à l'acquitte-
ment de la dette commune. Il sait, enfin, que l'État,
dont il est membre, ne peut être puissant sans crédit,
ni avoir du crédit sans une religieuse fidélité dans le
payement de ses dettes.

Qui nous a appris ces précieuses et fécondes vérités ?
C'est le Gouvernement représentatif, et son plus bel
ornement, la tribune nationale et la liberté de la presse.

Ce sont principalement les débats parlementaires, et par conséquent l'opposition constitutionnelle, qui ont fait jaillir une clarté si vive sur la matière, jadis si ténébreuse de nos finances. C'est l'opposition qui, en disputant aux dépositaires du pouvoir, le superflu, et en accordant le nécessaire, a, d'une part, fait comprendre aux contribuables qu'il fallait payer les tributs qu'elle ne peut refuser, et qui, de l'autre, a rassuré les créanciers de l'État contre tout excès de prodigalité qui pourrait diminuer leur gage.

Qu'a donc fait le ministère actuel pour augmenter ce gage matériel, et accroître la garantie morale?

Approbateurs du ministère, répondez! Est-ce lui qui a fondé notre amortissement et le système de notre crédit public?

Est-ce lui qui a fertilisé nos champs et encouragé notre industrie commerciale et manufacturière?

Est-ce lui qui a augmenté la liberté de la tribune politique, ajouté quelques développemens à l'instruction publique, et donné des garanties de sécurité pour l'avenir?

Est-ce lui, enfin, qui a donné l'exemple du respect pour notre loi fondamentale, source de toutes nos prospérités, et secondé le salutaire élan du 5 Septembre qui devait en être le complément?

Quels débouchés le ministère a-t-il ouvert à nos abondantes récoltes et aux riches productions de notre industrie?

Où sont les traités de commerce qu'il a négociés? les actes diplomatiques qui ont élargi le cercle de nos rapports commerciaux

2*

On ne l'a pas encore oublié ! c'est le parti sur lequel le ministère s'appuie qui combattit de toutes ses forces la création de la caisse d'amortissement et du système de crédit dont on admire aujourd'hui les effets. N'est-ce pas le ministre actuel des finances qui disait de ce système « que s'il pouvait réussir il le rejetterait » comme *amenant des résultats intolérables ?* » Un autre organe de cette opinion, comblé d'honneurs aujourd'hui, ne disait-il pas aussi à la tribune *qu'il ne concevait pas pourquoi on voulait fonder une caisse d'amortissement,* méritant ainsi, si les égards parlementaires l'eussent permis, qu'on lui eut répondu que dès qu'il ne comprenait pas cette ingénieuse institution, il devait se borner à faire de la métaphysique à laquelle personne ne comprit rien.

N'est-ce pas encore le ministère qui au lieu d'engager les étrangers à venir admirer les productions du génie national et la beauté de notre climat, les repousse sur la frontière par une police ombrageuse, comme s'ils venaient, une torche à la main, allumer des matières combustibles semées sous nos pas, oubliant ainsi, qu'autant la véritable force est confiante et généreuse, autant la faiblesse est défiante et pusillanime, et refusant de reconnaître enfin que les français n'aspirent qu'à jouir de l'ordre, du repos et de la liberté promise par la Charte ?

Qui ignore que nous devons les abondantes productions de notre agriculture à la division des propriétés, et que néanmoins les journaux ministériels ne cessent de caresser l'idée de détruire cette division ? Qui ne sait que les immenses progrès de notre industrie manufacturière sont le résultat de la liberté qu'elle a acquise par les lumières, et que cependant le ministère ne repousse pas l'insensé projet de lui imposer les entraves que le temps avait brisées?

Loin d'ouvrir de nouveaux canaux à l'écoulement de nos productions agricoles et manufacturières, et de nouvelles routes à notre commerce, le ministère, par sa politique, ne laisse-t-il pas dessécher les uns et occuper les autres par des rivaux, qui, en nous dévançant dans la voie, nous en ferment ou nous en obstruent l'entrée? N'est-ce pas, en effet, ce qui nous arrive avec l'Espagne et ses anciennes Colonies?

En intervenant dans les querelles domestiques de ce malheureux royaume, nous l'avons, bien involontairement, il faut le croire, nous l'avons plongé dans un abîme de misère dont une main humaine ne peut sonder la profondeur. En politique, je dirais que nous nous sommes faits un mal incalculable, puisque nous avons réduit à un squelette notre allié naturel et jadis si puissant : en économie politique, je dirais encore que nous avons tari une source d'immenses richesses pour nous ; car les pauvres ne consomment pas. Que l'on dise où est la route qui, désormais, pourra conduire en Espagne pour cent millions de nos productions territoriales et industrielles que nous y exportions annuellement?

Quant à ses anciennes possessions d'outre-mer, je n'essayerai pas d'interroger la haute politique pour savoir si le moment est ou non arrivé d'ouvrir avec elles des relations diplomatiques; mais ce qui est positif, c'est que nos éternels rivaux, mettant à l'écart toute politique sentimentale, nous y ont dévancés, et qu'en nous y précédant, ils s'assurent des préférences qui nous étaient acquises par une sympathie de caractère, par le charme et l'utilité de nos produits, et par la voie si large que notre industrie permettait d'ouvrir à l'écoulement des riches productions de leur sol. Quel autre pays présentait à l'agriculture et à l'industrie d'un grand royaume, de plus vastes moyens d'échange? Il nous offrait de l'or, de l'argent, des indigos, des cochenilles, des cotons, et mille autres objets utiles ou indispensables à nos manufactures, contre nos soieries, nos tissus de toute espèce, contre nos objets de bijouterie et de clincaillerie, contre notre chapellerie, nos vins, nos eaux-de-vie, etc., etc.; et n'est-ce pas enfin le ministère qui dédaigne ou méconnaît les immenses ressources où la France pouvait si abondamment puiser dans ce fertile et beau pays?

Ainsi, et en me résumant, je considère la réduction de l'intérêt de la dette publique comme un bien général, toujours dans l'hypothèse que l'économie qui doit en résulter *sera appliquée au profit de tous.*

Je suis convaincu que le système politique du ministère actuel, au lieu d'être favorable, a été contraire au cours de la rente.

Qu'afin que ce cours eût atteint toute l'élévation dont il était susceptible, il aurait fallu que les dépositaires du pouvoir eussent mis autant de soins à servir les intérêts moraux et matériels de la nation, qu'ils ont mis de persévérance à les desservir au profit d'intérêts contraires.

Que ces obstacles ont été impuissans pour arrêter tout l'essor que la force des choses et le génie national ont imprimé au cours de la rente. Que ces obstacles ont été assez forts pour atténuer leur élan, mais pas assez pour l'arrêter.

C'est ici que se présentent les causes qui pourraient paralyser ou même faire rétrograder cette heureuse direction des choses vers l'accroissement du crédit public, celui de notre agriculture, de notre commerce et de notre industrie.

Je n'hésite pas à le dire, ce mouvement progressif de notre prospérité s'arrêterait, le mouvement rétrograde commencerait le jour ou nous aurions le malheur de voir une main sacrilège toucher à la Charte, et la rendre si élastique qu'elle cédât sans efforts à tous les caprices, à toutes les fantaisies, de manière à la rendre un instrument au seul usage et au seul profit du pouvoir et de ses favoris ; l'heure de la décadence de nos prospérités sonnerait le jour malheureux où l'on parviendrait, par la ruse et l'artifice, à obtenir, au lieu d'une Chambre élective qui représentât tous les intérêts nationaux, qui contrôlât les dépenses, qui accordât le nécessaire et refusât le superflu, une Chambre élue par les dépositaires du pouvoir : une Chambre qui oublierait ou méconnaîtrait les intérêts de la France ; qui laisserait passer, sans résistance, les demandes du caprice, du faste et de la prodigalité ; qui serait servilement soumise aux volontés du pou-

voir; et qui, enfin, en bannissant toute discussion, ren-
drait la tribune muette ou n'y laisserait échapper que
des accens louangeurs, lorsqu'elle serait honorée d'un
regard ministériel, semblable ainsi à la célèbre statue
de Memnon, qui ne rendait des sons harmonieux que
lorsqu'elle était frappée par les premiers rayons du
soleil.

Bordeaux, le 27 Avril 1824.

J. G****.

FIN.

www.ingramcontent.com/pod-product-compliance
Lightning Source LLC
Chambersburg PA
CBHW051152050726
47594CB00007B/2851